AF617551

POEMAS 73

Francis de Aquí

Primera edición: mayo, 2024

Título original: Poemas 73

Autor: Francis de Aquí

Edición: Carolina Hoyas

ISBN: 978-84-128748-2-2

Rapitbook Editorial
www.rapitbook.com

Impresión y encuadernación: Impresrapit
www.impresrapit.com

Impreso en España–*Printed in Spain*

Quería dedicar este POEMARIO a mi familia, amigos y en especial a mi padre (Te quiero papá) siempre estarás conmigo... Xx

ÍNDICE

PRIMERA PARTE

SEGUNDA PARTE

PRÓLOGO

En el fondo, muy en el fondo, la vida tiene muchos momentos de alegría, tristeza, e incluso de aprendizaje, esos momentos los solemos recordar con cierta fijación, pero también es cierto que las remembranzas las borramos de nuestra vida dependiendo del grado del significado. Quizá, solo por eso, nuestra experiencia vital tenga un principio y un final, me gustaría creer que en algún lugar, el cúmulo de sensaciones, experiencias, tengan la garantía de recuerdo. Nunca me pregunté, en alto, por la esencia de una viveza, aquello de conseguir un objetivo, de sentir la alegría de la meta final, deberíamos disfrutar más del camino a recorrer.

Los años nos conducen a cambiar de deseos, gustos y hasta de sensaciones. La pasividad nunca muestra su propia cara, nos muestra nuestro propio reflejo, mirando el recorrido, lo conseguido, es esto el comienzo de cada palabra escrita...

MI ALTER EGO PREFERIDO

Un día cualquiera empecé a sentirme diferente y ¡claro! no siempre el diferente, es atrayente, digo seductor, como podía decir un puto coñazo, uno de esos que todo lo sabe y todo lo entiende. Yo, precisamente, no comprendo ni la mitad de las cosas que forman nuestra vida -ni quiero- al fin y al cabo, uno pasa por el mundo intentando aprender a no cometer errores. Si lo consigues, eso es algo que descubres al final, o no. La gente suele arrepentirse de todas esas cosas que no quiso hacer en su vida, ese es el momento de empezar de nuevo, de reiniciar el disco duro, cuando uno ve la parca cerca, entonces todos pedimos clemencia, perdón. No queremos pasar la puerta del limbo con la mochila llena de falsas sensaciones.

El portador de mi Alter Ego tiene su propio sentido del humor, un sentido poco jocoso para un ser de divinos privilegios , su deseo es siempre intentar atraparte en un renuncio, en una mentira, sea o no falsa o piadosa, uno solo puede adentrarse en el otro mundo descargando toda tu fragancia, escribirla en el viejo libro de los pecados, las sombras de un papel en blanco tiene sentido solo en una mente abierta de leyes, normas o versos conjugados en singular, sólo entonces tiene sentido escribir poesías diferentes, sin prosa, sin sentido entre párrafos. Creo, sin ninguna duda, que muchas palabras que soy capaz de escribir, a más de uno le pueden abrir la mente, pensar en que lo diferente no tiene por qué ser algo equivocado, poco útil, ¡tendremos que abrir nuestras mentes en algún momento! No digo que tengas que pensar como yo lo veo, ni siquiera entender muchas de las cosas que escribo, solo deseo que intentes sumergirte en tu propia imaginación, que inventes los personajes de tu mente, con la inocencia de un niño, lejos de todo lo explicado, de todo lo inculcado por aquellos que viven de sus propias normas...

SOMNIORUM

recordatus est
aliud oblitus
uti eodem
somniare caligine
nisi moriatur
silentio subeunt
nigrior, quam,
Quae ad intellectum non legistis
iterum in tristitia
frigus horas...Tiempo

— Si pudieras volver a comenzar —me dijo aquel Alter Ego, Francis de Aquí—. Dudé un instante, creyendo tener la respuesta y contesté —No quisiera volver a empezar, pero si volver a empezar con lo memorizado.

—Eso no depende de mí, la sabiduría del hombre es como un pozo sin fondo, nunca tendrás la suficiente sabiduría para llenarlo. ¿Crees que el sabio es más feliz que el profano?

—Quizás no, porque el profano nunca tendrá la conciencia del sabio.

—¡Seguro! ¡No tendrá la conciencia del sabio, pero sí su propia conciencia!... todos tenemos nuestra propia moralidad y ella la llevas contigo quieras o no.

—Quisiera entrar en otra reflexión diferente, pero eso no siempre depende de nosotros mismos, en momentos se convierte en algo negativo, en algo que propone diferentes sendas, eso del bien y el mal, el angelito y el diablo, la pelea entre la moralidad, la ética. Entonces ella apareció, fuerte, grande con todo su vigor, sin mostrar una pizca de piedad, altiva de proporciones insospechadas, con su propia realidad.

—Chorradas, lo que has hecho, está bien y no por eso tienes que sentirte mal.

—Eso al final no se convierte en un tormento, dije yo.

—¡Tormento! No me hagas reír, tormento sería no hacer nada y vivir como un verdadero necio.

—Aquellas palabras consiguieron dar la paz que uno buscaba, pero el que hablaba era la razón o el atrevimiento...

—Si buscas la razón en las palabras de los demás, sólo encontrarás lo que deseas escuchar. Volvió a hablar el Alter Ego.

Solo escucho las palabras de dos bandos, que pueden ser el bien y el mal, la razón y la cordura, sólo aquello que uno pretende querer oír sin prestar atención a nada.

—¡Escucha! Los sentimientos suenan casi igual a las razones impuestas.

Las guerras entre el bien y el mal, son gérmenes que uno mismo alimenta, el saber distinguir entre cual es cual, es poder elegir con mente abierta, con conciencia de las vivencias de vida.

—¿De verdad puedes saber distinguir lo bueno de lo malo? —preguntaba el ser engreído.

—Quizá mis actos finales marquen en sí lo bueno y lo malo, ¡no!

—No puedo contestar, seguro que cualquier acto tiene consecuencias finales, sean o no con buenas intenciones. Busca en tu interior la forma de aceptarlo...

—¡No comprendo! ¿Hagas lo que hagas siempre serás prisionero de tus decisiones?

—No creas al liante —dijo el Alter Ego— tú tienes que ser capaz de crear buenos actos y hacerlo sin pedir nada a cambio.

—Pero ¡qué dices, Francis! ¿No pedir nada a cambio? De simples idiotas, de ser más tonto que Abundio es el ir por este mundo.

—Nuestros actos nos harán libres. (1) "Cuanto más libre es alguien, en igual medida es más responsable de lo que pasa en su vida, alguien totalmente libre es to[1]talmente responsable de lo que le acontece."

—Pero cuanta palabrería, chorradas, esta vida es muy corta para no aprovechar las oportunidades que te ofrece, no mires el beneficio común, busca el propio, o al final tendrás en los bolsillos lo que mereces, ¡¡¡Nada!!!! —alzó la voz la consciencia.

No puedo creer que solo podamos ver nuestro propio beneficio, nuestro propio deseo y ni siquiera poder intentar ser mejor persona viendo el bien común, intentando progresar sin pisotear al prójimo.

—¡Pero qué buena persona eres! ja ja ja, no puedo cerrar mi boca de asombro.

—¡Un momento! —Dijo aquel Alter Ego— la paz de los hombres tiene recompensa en la otra vida, poder traspasar las puertas con la conciencia limpia, pura, eso es la recompensa, jajaja.

—Plena, en plena indigencia, olvidado, abandonado por un mundo inconformista, el que no lucha, muere ¡chaval! así de simple y cruel.

Difícil es intentar ser justo en una vida totalmente injusta, reconozco que quisiera ser juez y verdugo por igual, aquel que dicta las normas. Al fin, somos todos unos renegados de nuestra libertad, queremos lo que nunca podremos conseguir, si lo logramos, nunca es lo que habíamos deseado, que infausto es querer ser siempre algo más...

—Sé lo que intentas decir, siento que todo es relativo, según desde donde se mire un paisaje se pueden ver diferentes puntos, pero no

1 Jean-Paul Sartre. Filósofo de la libertad. 21 de julio de 1905, París.

olvides que la justicia tiene los ojos cerrados. Los sentimientos son aquellos momentos que pasan una vez conseguidos, vividos y solo uno mismo puede sentirlos de manera propia.

—¡Recuerda! tienes que escoger, ser cordero o lobo, vivir o morir, sentir o padecer, ser o estar, amar o ser amado.

Lo cual tiene un fondo sin sentido, aquello de la vida compartida, dividir las vivencias, eso no va con mi ser, fuera ser el egoísmo mi primera norma, mi segunda norma, nunca me interesa la vida de los demás y ¡claro! que tengo una tercera... Aquí tengo esas reflexiones, poemas y muchas locuras escritas.

Siempre queda el tiempo para amar, crecer y vivir
Siempre se olvida el momento para sentir.

PRIMERA PARTE

PARA TI

No quiero, deseo
eso no lo siento
Nunca tengo suerte
Amar primero
Oscuro sentido
Deseo contigo
desde el principio
Lamento decirlo
Con este afecto
Lo escribo y predigo...

SIN MÁS

Mirando el infinito futuro
no quise soltar la sensación
profunda gris de unión
Siempre nombraré el nombre
aquel, que quise aprender
sin más necesidad que ponerle forma
Nunca respiré lejos, ni cerca
fueron benditas esencias
Aquí tengo lo que deseo
en un momento perpetuo
el amor, amor eterno
No lo estropees con calcetines puestos
Las ventanas tienen
formas de poder espantarlas
¿Ganas?, no lo creo!...

SUFRIMIENTO alguno

Aunque sienta dolor
no siento sufrimiento alguno
Aquellas miradas marcan un momento de
profunda vanidad del ciego.
Conocimiento de algo nuevo
quieren llamarlo pongamos, deseo
Comienza sin tener que mirar atrás.
Sin procurar un común instante
Con relaciones de un solo grano
latidos profundos sin sangre
Aquí os presento el cónclave
de un amor cobarde
Aunque sienta dolor
No siento sufrimiento alguno...

UN SOLO DÍA

No tengo una sola dirección
me gustaría tenerte cerca
en mi vida, en el desayuno
en todo aquello que me importa
No creo que pida mucho
o ¡quizás!, el tiempo tenga su propio camino, tengo
que comprender al sentir diferente,
claudicar, recordar un solo presente, lanzar al viento,
gritar sentimientos.
Aquel café oscuro, casi caliente
me reprocha que le cambie su sabor blanquecino,
negro, tostado,
no siento el cambio, quizá en olor
Una pequeña gota todo lo transforma, el amor en
odio y el odio en indiferencia
Adonde marchas sin sentido
sin un sueño preferente
Quiero sentir, el resto de mi presente...

ODA

Solo son epítetos
las gargantas de los malditos
El diablo tiene formas
mágicas, profundas envidias
No puedo creer
DÓNDE ESTÁS POEMA
aquel qué profundo representa
la profundidad de la esencia
Comenzar siempre con rima
marcados en tiempos presentes
Dejando crecer la prosa
toda ella sin belleza
No quieres que escuche memeces
escribe tus propias sandeces
Aquí tengo mi pequeña locura poética...

RE-

No puedo evitar recordarte
Un tiempo, un instante
ese que un día dejaste
mi propia subsistencia
Recuerdo cada sílaba que olvidé
Las promesas de otra oportunidad
Nunca las supe aprovechar
¿Se fueron sin un, cómo estás?
¡Quiero volver a pararse!
No puedo dejar de imaginar
la letanía del cómo estarás
¡Yo! Cómo siempre
Recordando, olvidando y volviendo a recordar
¡Te digo la verdad!
Jamás volvería atrás
Si no pudiera enamorarme
de un solo segundo al recordarte...

ESCRÍBEME palabras

Las sílabas cuentan palabras
Compuestas de diferentes espacios
Pronunciado los retales de floridos versos
Cualesquiera que sientan
Son ellos los culpables
con verborrea de mezcla
Oscuros, productivos ejemplos
Funambulista se llaman
las letras compuestas
Amores de esencias muertas
Nacen en mentes recias
Fornidas, que ellas mismas cuentan
Silbidos de primeras letras
Simplemente se suaviza la prosa
en lírica antigua, muy remota
Caprichos de gente usual
Aquí te dejo un capricho docto y mental...
TAMBIÉN LA PIEDRA
ESTÁ CANSADA
QUE LE PROPINEN
LA MISMA PATADA...

1, 2, 3 comunica

Fue un momento
un momento concreto
Despierto, sincero
sin locuras pasadas
¿Dolorosas? Por supuesto
Lágrimas que incendian fuegos
Se reflejan en rostros decadentes
no necesitan gestos
se comprende el compromiso
Ese instante tiene nombre
¿Apellido?, no lo recuerdo...
Solo sé, que se siente,
la decepción tiene cabida
el tiempo tiene la forma
Rencores que ayudan
no llames a la razón
Comunica sin indulgencia
Los pañuelos secan la actitud
de aquellos que pronto se olvidan...

¿PENSÓ QUÉ?

Si piensas que puedo perder
mis recuerdos en cada decepción
Como si fuera capaz de entender
las normas de un reloj
Tengo razones para odiar
aquellas formas diferentes de amar
sus miradas me cuentan deseos
que jamás podré crear
¡Un día, quizás!, ¿podré dejarte de soñar cuando consiga
no poder respirar, mi obsesión desaparecerá?
Sin golpes de mi corazón blindado de promesas absurdas
Sabes que siempre será tuyo
¿Cuánto dura lo eterno?
Como mi existencia, hasta un segundo...

ESENCIA

Fue ayer el primer día
Descuidado de una sola lágrima
No fue desamor
sufrimiento de rabia
Fue un simple momento de desahogo
Nunca quise hacer una utopía
de un amor sincero, sin éxito
Quería ser aquel Robinson
con letanías esencias
¡Y no!, no pude quererte más
La belleza tiene tu nombre
Fue aquel instante de placer
en el que no pude conocerte
Entonces miré adelante
como si no te hubiera conocido
Fue un error consensuado
¡Y no!, no pude quererte más
En aquella eternidad
Siempre estarás en el centro,
en el centro de mi cabeza...

SOPLIDO

Quiero, puedo, olvido
Descuida, no tiene sentido
sufrir por algo perdido
Quiero, puedo, olvido
La fuerza de lo sentido
escucho, lamentos huidos
Quiero, puedo, olvido
Noches de oscuros zurridos
Longevos cuentos comedidos
Quiero, puedo, olvido
Amor, simple bellido
no quiero descosido
el cariño de los míos
Quiero, puedo, olvido...

PIEDRA CONTINUA

Roto un simple gesto
Nuevamente se siente decepción
Llanto, dolor, rabia
maldito Cupido
apunta tus necesidades lejos
No quiero sentir
el lado agrio de la piel
Esencia del desamor
Coliflor de un jardín
Olvida, camina de frente
los ojos puestos en presente
Aquí tienes los deseos
En un sencillo gesto
Nuevamente me alcanza
la vehemencia...

RAÍZ

No tengo premisas
Ni falta de risas
Contigo sobran desdichas
No puedo estar triste
Cerca o lejos
Me obnubilan los reflejos
sensatos anacronismos
Me quedo en nosotros mismos
El deseo pasa, muere
solo el sentimiento perdura
Te quiero, escucho, siento
Aquí tengo la vida...

REMITENTE

No tengo tiempo de pensar
solo recuerdo tu rechazo
Descuentos de una vida corta
Distancia propia, única
Besos que siento no merecer
Paranoias propias, indecisión
Olvida mis cartas en un cajón
Escritas con deseo
El remitente solo te desea, felicidad, proponen
sus versos, amistad, no lo quieres comprender
Trazos marcados en un papel
Misiva de un largo amanecer...

Encrucijada Olvidada

Me olvidaste en un solo instante
ni las lágrimas que brotaron fueron simples
Todo lo vivido terminó en una palabra
Que seas feliz en tus desdichas
Manías que olvidaré con mucho cuidado
¡Decir que no estoy triste!
Es decir, lo que quiero hacer
Los pasos unidos en uno mismo
Aquello de para siempre
en la enfermedad y la verdad
Palpitaciones sentidas de alivio
Ojalá encuentres la infelicidad de uno mismo
Soledad en sonidos de flauta
una música trascendental de habitación
¡En fin!, bórrame del wasap
de tu agenda de números fijos
¡Yo!, seguiré mi vida sin un dosier
Los amores tienen la fecha de caducidad de la pasión
¿Comprendes el porqué del ayer?
No importa las mentiras, las promesas
Todo tiene la importancia de un presente
Recojo mis ropas, mis sueños
aquellas sensaciones que quiero tener
¡Qué coño!
Mi vida es mía, la vivo como yo quiero, me compro un billete, un vuelo a mi destino...

DESEOSO...

Calcando un sentimiento
ese, que todos hablan
Dolor de vehemencia
dicen sentir los sensatos
Profundo conocimiento
sentido de querer a alguien
¿El perro quizá?
Humano, humano el ser
Confuso siento decir
¡Oh!, necedad sufrir
Por solo un rato de desesperación
descuidé, no soy de aquí
El sentido de profunda complicidad
¡Me siento raro, en fin!
¡Lo pienso decir!
Amor sencillo de olvidar en un chasquido...

PENSAMIENTO

El frío desatino del tiempo
locuras en simples gestos
Desgarros, deseos
Florecientes amores
Vivos latidos de sangre extraña
lenta derrota de pasiones olvidadas
Mente en guerra, lo nuevo, lo viejo
Pensando en antiguas esencias
Fue un placer del momento
Adulterio de un solo día
Cuentan las lenguas añosas
que el querer es un ciclo
una formativa apetencia
viene, se marcha igual que va
Delirio de un preciso periquete
Jamás se renuncia a experimentar
el cambio de una falsa mirada
No fueron los roces de cuerpos
sudores que mezclan voluntades
No quedan uniones, quedan las promesas deseadas...

Un día me dijo el tiempo

La sonrisa mata los miedos,
pájaros del deseo, tienen alas muy cortas
¡Vuelan alrededor, tales Cuervos!, que huelen el miedo
Se sinceró en tus propios pensamientos
Caprichoso es un pálpito momento
predice el gusto y destruye el consuelo
Olvida el pasado en un solo trance
Menos cuarto... Marca ese pequeño reloj
distraído en su devaneo... tic, tac
Pasó su mano por su cabeza
contando en distraer su mal gesto
Nuevamente, me contó; la sonrisa mata los miedos
¿Todos ellos?, ¡Seguro!
Nunca son tan importantes como ellos creen
se vuelven importantes con cada decepción
llantos, rencores, desganas, Y tú qué ganas?
un simple berrinche, una condena de lágrimas
Perdona, tengo que volver a empezar...

OJOS GRISES

Ni de besos, de maravillosas formas
Nunca tanto humo
cubrió el cielo de nuestro tiempo
Ya no veo el color de tus ojos
Solo veo el gris de los míos...

ALUCINACIONES

Fue un simple sueño
estrujado, marcado por el deseo
simple, un punto de vista!
Descripción de un desamor
Coliflor sin su propio olor
Paso por allí un cupido
¡Muerto! Oscuro problema
la soledad comparativa
de ver la vida tras un cristal
Prejuicio, medias naranjas, enfermas en un vaso de bohemia
Me hablaste sin palabras
Pensamientos de fijas respuestas
¿Alicia? En su mundo
todo del revés, sin sentido
¡Vivo!, en su desempeño
Nunca antes comprendí sus alucinaciones
Pero creo que al fin la comprendo
¿Qué?, Qué dice el reloj
Tic, tac sin sentido, triste y aburrido
Marca, marca su destino
Un tiempo compungido...

LUNES DE CHAVELA

De lo último que recordó
fue el pensamiento que olvidó
En aquel momento lo destapó
sin sentir el sufrimiento alguno
Marco con la voz el tiempo
Destruyó un solo segundo
Los problemas que reprochar
la distancia tiene un precio amargo
Como las canciones de Chavela
Sentada en aquel frío banco
Sintió el tiempo marchar
Como las gotas en un cristal
Gente que viene y va, en una vida normal
Las noticias de la prensa le tienen desorientada, pasa las hojas de papel con desgana, el sufrimiento de un cuento gracioso
Levantóse en un respingo
Y caminó y caminó a una próxima desdicha...

COMO SIEMPRE RECORDANDO

Fue un instante
aquel que te perdí
un preciso momento
aquel entonces desliz
visitó la verdad a la importancia
en un gesto nuevamente...
¡Qué difícil ser feliz!
En un manto laid oscuro
No fueron gestos, ni siquiera muecas
fueron celos compuestos de versos
Cualesquiera que dijeran, las finas lenguas extranjeras
Adiós muñeca
no veo con tanta queja
Solo siento, tu manto en mi cabeza...

RECUERDO-TE

Me duele cada recuerdo
Me duele querer olvidar
Me duele tu ausencia
Me duele aquello que siento
Me duele, no volver a verte
Me duele el propio dolor
Me duele un simple sueño
Me duele cada momento sin ti
Me duele llevarte flores
me duele hablar al aire
Me duele aquello que jamás hicimos
Me duele recordarte en silencio
Me duele cada recuerdo
ME DUELE UN SIMPLE SILENCIO.

IGUALDAD

Y en un pie me sostuve
enfrente de un paso
aquel que pretende
un suspiro escaso...
Qué triste momento, la risa por dentro, en
fin, te desprecio querido tormento...

DÁDIVA

Me gusta confesar mi pereza
vivo con ilusión presente
aquí tengo mi propia fortaleza
Huyó del pensamiento del "futuro"
El pasado me produce tristeza, dolor, principalmente
soy aquello que comienza

CoSaScAmBiAm

Nunca sintió aquello
la importancia del recuerdo
Un día fue la libertad
otro la ansiedad de tenerla
más pronto que tarde contemplaré
el propósito de sentirla
La mayoría no entiende el anhelo
Quién fuera libre
esa sí es la sensación requerida
Me tienes atrapado en tu recuerdo maldito
aire de soledad encerrado
en cada bocanada sabe a deseo
eso es lo que pienso
la libertad de otro arrebatado
qué fácil se termina todo
un propio segundo que modifica el mundo.

DES-EO

¿Cuál fue el tiempo?
Despierto enfermo
Amor, aquello que des-eo
Me cuento un cuento
de final sin beso
Cuál deseo
Un lugar sin sueños
Trovador sin Zanfona
de un ciego moribundo
es el principio de mi tormento...

PARAXE

Cuxo momento tembloú
Nas formas dun anoitecer
A tentación de volver
Nun intre da noite fugaz
Un temblor de vida
Recorrendo un fio de senceridade
Fora ou non posible falar
Aquilo maquinado noutro destiño
Tendo a sensación de pérda
Ultraxe de un fermoso paraxe
Tanto cabo solto sen amarre
Cálido e sen nome
Un raio de choiva de verbas
Puntos e raias esparexadas...

CALÉS QUER QUE FORON OS SILENZOS
AQUELES MAL ESQUECIDOS
CONTEMPLAN OS BERROS O CEO
DUN SINXELO AFASTAMENTO...

FLORES MARCHITAS

Las respuestas fueron suyas
dónde el recuerdo fue olvidado
entonces el momento comenzó
en un sincero recuerdo
Los amores sufren caducidad
Obligación en un profundo TE-QUIERO
Momentos antes de aquella mirada
queriendo volver a comenzar de nuevo
Palabras que escuchó sin sentimiento
Las dice un amor abatido
Encuentra las calles mojadas
Asfaltadas de mentiras pasadas, presentes
Vuela Paloma negra
Lejos de mi pensamiento
Fuera verdad o cierta
Profunda marca despierta...

BESOST

Fuera ser verdad
Saborear tu boca
Despertar entre húmedos labios
Entrelazados momentos
¿Qué sueños despertó?
Dónde está la opción
En la saliva de aquel amor
Longitud de un frontal cambio
Olvidar el recuerdo
Sin apenas poder mirarte
Sorprendentemente jamás, nunca
Quise intentar BESARTE...

LOS MISMOS BESOS PROPIOS

Fríos recuerdos
Soplan la niña que fue
el que arriesga sueña
Camina entre flores marchitas
Ocultas de tristeza acumulada
La pena tiene un precio
Alegría que nunca contempla
Cuál cuenta todos los días
Cazando moscas en la distancia
Niña de ojos grises
Pacientes con lágrimas transparentes
Su corazón tiene pocas vivencias
Muecas decentes de tristezas
Zapatitos de fieltro violeta
Camina despierta y por la noche duerme
eso dice su propia mente...

ENTRE-LAMENTOS

¿Dónde tengo el corazón?
Palpita en formas diversas
Opciones para un simple latido
Emociones, búsqueda primera
Un solo recuerdo, aquí un sentido
Cincuenta, cien golpes de contenido
¿Son mortales, sístole, diástole?
Amigas de un antiguo compás
Baile de una nueva vida por llegar
No tengas un cúmulo de soledad
¿Quién eres? ¿Qué buscas?
La tristeza en un simple pulso
Canción repetida mil veces olvidada
¿Dónde tengo el corazón? ...

FRIO-FINAL

Fue el viento de noroeste
La primera gran travesía
Tensados los cabos
en sujetos vaivenes
Ilusión, del frío desatino
Capitanes de proa
quimera de pescadores
¿Dónde duerme la marea?
!En redes de ancha angostura!
Peces muertos de asfixia
Patente de corso creían
Marinero de floja dicha
apilando en popa
la mercancía del primer día
Cuéntame cómo olvida
las futuras gentes marinas
frutos de una mar viva
Astillas de maderas podridas
uno y otro amarrando el próximo día...

FUERON

Fueron recuerdos ocultos
personajes no muertos
envueltos en lamentos
despiertan los cuervos
Graznan
La eterna furia
Mi dulce locura
Fueron algunos fulanos
disfrazados, cordura
gota de agua, pura palabrería
Camino sin senda
sin luces ni sombras
Sombreros sin copas
Amigos de espalda
Hablando por sus bocas, verdades a medias
Fueron mujeres despiertas
muy largas de piernas
Confesas, que cuentan, afectos de amor
Ladridos lozanos
Puertas blancas por fuera
amargan la vida a cualquiera
Flor de rojo honor
Fueron pasos olvidados
con simple apariencia
Llevando amargada tristeza
Un mundo idílico
Leyes prohibidas, mentiras
Querida amiga, felicidad...

SOSLAYO

Mire al frente
Del mismo modo que aquel instante
Sufrí un tiempo en mares tempestivas
Descubrí la calma
en la propia desconfianza
Alineadas las velas propias
Sopla el viento de popa
y claro que tengo recelo, miedo
¡Mi capitán es un memo!
Tierra, gritó el ciego
Maldita la hora de zarpar al cielo
Te adoro, te quiero
Mientras tanto aquí me quedo...
EN AQUEL DESCANSO HABITA EL SILENCIO
DE UNA SIMPLE REFLEXIÓN...

DESPRECIO

En el destierro del desamor
existe la creencia del perdón
Grito al cielo la clemencia
No fue por despecho
no fue por rabia
ni siquiera fue un lamento
Pedir un suspiro de compasión
fue un simple momento...

RELIGIÓN-ES

Mi camino tiene fin
Destino con forma cambiante
Mirando un horizonte normal
Resignado a contemplar la coyuntura
de una parte insignificante
Dioses distintos
Conjuras de parte
Rezo un salmo hilarante
Contemplando el propio desplante
Ni Juan, ni Mateo, ni Pedro
Brotan escritos sin versos
Maldiciendo quien se olvida de los rezos...

NOCHE

Sentó sus posaderas
Frías, pesadas, sobremanera
En silencio mañanero.
Rocío, noche, trolera
Contempló la heladera
En un día húmedo.
Suspiró siquiera
Respingo de soltera
Despertar de borrachera
en banco ajeno de pestífera...

TIEMPO DE SEGUNDA MANO

En un golpe de realidad
te fuiste sin rechistar
Entre respiración y dolor
se me rompió el control
de un tiempo de normalidad
Cuatrocientos de nueve
la prisión que no vuelve
No se olvidará jamás
las palabras, no luches más
Papá, allá donde estés
no podré ya, abrazar la realidad
Lloro sin más, lloro por formalizar
la despedida por un tiempo olvidar
Aquel que un día me dijo
¿Cómo te llamas?
Me resultó extraño
Responderte un apelativo
Te querré siempre
en primera y segunda mano
Sin olvidar nada
Tu partida, tu llegada
Besos lanzados y cientos, papá...

ME PRESENTO

Un saludo, un abrazo
resumen recibido, gracias
Un adiós, un beso
comienza la charla
Me gusta, me disculpo
dónde está, lo hablamos
Un abrazo, un momento
me retiro con descontento
Un final de nuevo, saludo, un recuerdo...

NO PUDIERA

Tengo una tara en mi cabeza
la forma de mi certeza
aquello de mi simpleza
Me detiene el momento vivido
fue el silencio
Primer lugar de residencia
triste el que no contempla el fracaso
en un mismo paso
Otra ilusión que llega
hasta que termina luz de luna
Princesa de falsa cuna
disponible en falsa sonrisa
Esas ofertas irrechazables
Muestran las caras, si son rentables...

DISCALZO

Xogaba sempre discalzo
Tiña soños discalzo
Recordaba momentos discalzo
fachendaba de estar discalzo
camiñaba por lares discalzo
Propoñía ser discalzo
Pracer de camiñar discalzo
Referentes de aquel discalzo
Non querer os zapatos, discalzo
Arraigos, valentia, discalzo
Os pés desnús, corazón discalzo
Terra de Area, Piñeiro discalzo
Rúas reais, soños fonchos, discalzo
Eiqui e agora, discalzo
Percorridos discalzo
Sufrimentos, verbas discalzo
Mofas sen senso do sentimento discalzo
Lonxe das feridas dun discalzo
O fin, un Cedeires, DISCALZO!...

RAZONES

Tenías la misma cara.
Eso es de asco eternizado.
¡Aquel gesto de desaprobación!
¿Yo? Nunca pienso mis direcciones
jamás me duelen las prendas.
¡Confesar mis errores, culpas!
Propusimos decir la verdad.
Aunque duela, angustia, miedo.
Sea por lo que sea, nunca se reconfortan.
Los secretos tienen cerraduras abiertas.
De sentimientos y miradas ajenas.
¿No sonrías que me enamoro?
Tu cara sufre, rozaduras de arrugas.
Al final no podemos comprender nuestras razones...

AUSENCIA

La vida le llamó fragilidad
escucho ofertas
actuales y viejunas
En un segundo causó tristeza
Era la vida que termina, sin alegría alguna
la que grita sin voz
Nunca uno se siente preparado
para aceptar el fin
Fechas de un destino ausente
La sencillez florece en simples momentos
¿Qué queda del porvenir?
Solo la esencia de un adiós
Mañana será otro principio
La vida la llamó fragilidad, mi ausencia...

DÍADespuES

AQUELLA MAÑANA
contempló la ocasión
observó el tiempo
calculó el deseo
AQUELLA TARDE
Vivió el segundo
compartió el afán
olvidó el pretérito
AQUELLA NOCHE
Disfrutó el presente
susurró los sueños
cerró la mirada
sin tener remordimientos...

SIN JUEGO

Tengo palabras para contarte
secretos de vacías camas
Luces de julio
qué agosto apagan
Gastando una a una las lágrimas de rabia
Despierta septiembre
Las frías calles mojadas
Quizás nunca escucharías
Diciembre en llamas
De alcobas quemadas
el frío olvida las ganas
esas, formadas por trapalas
¡Ay!, pobre enero
¿qué vuelve entre los muertos?
Cartas Francesas, marcadas de promesas
¡Yo!, abandonó el JUEGO...

CAPULETO

Solo consigo soñar
contigo sin despertar
Recordando el azar
en un mundo ideal
Quisiera imaginar
el no morir jamás
Entre tus brazos posar
con la fuerza de los Capuletos
Justificaron en un tiempo
el amor casi, casi perfecto...
Julieta viviendo en su final
venenos en sus sentimientos
largos los cabellos, quizás cortos
¡Oh!, mi Romeo
¡cuánto te anhelo, tú, mi Montesco!
Un solo verso que proclama sincero
Olvida, pues las desdichas
Pues las canta Keith Richards.
Nunca fueron verdaderos
los enemigos sinceros
Caóticas canciones, ciegos y burlones
¿Y cómo termina la copla?
¿Pues no sé, en un bar de copas?
Resaca de la garrafa añeja.
¡No, traerme veneno!.
A relatos de pasadas menciones
ni Capuletos, y Montescos
No fueron mortales sus cuerpos
¿Pero sus nombres? ETERNOS...

SEGUNDA PARTE

CREÍ SER MÁS VÁLIDO
PASÉ DE COBARDE A VALIENTE
DE HÉROE A VILLANO
EN UN SOLO TRAGO
SENTIMIENTO DE CULPA
DE NO SABER TRAGAR
NI SIQUIERA UN PEQUEÑO SORBO...

COMIENZO

No lleves flores a mi tumba
allí ya no queda nada
La vida pasa en días, años
Se marchitan pensamientos
Ojalá pudieras oír mis palabras
se fue nuestro tiempo útil
Aquel dichoso compás, tic, tac
Gana la muerte en una simple partida
Quizás tenga un poco de ventaja
Los dados marcan la línea de pase
En el golpeo de un gesto afortunado

CAMINOS

Osadía, cultos locos
Cabezas huecas de sentido
nunca escuchas gritos sin sonido
Arquitectura, flojos dinteles
camina en su inmenso destino
Verdad, sinceridad, sin objetivo
Reconozco el aliento
un sufrimiento de mentira
Círculo cerrado de golpes de cilicio
cofrade, sentimientos de culto!
Santos de deseos y rezos
Al final la voluntad se olvida...

NFSV

No fuera ser verdad
aquello que todos oyen
No fuera ser verdad
lo que cuentan sus lenguas
No fuera ser verdad
palabras de soberbia
No fuera ser verdad
lejanos pensamientos
No fuera ser verdad
aquellas tonterías
No fuera ser verdad
sinónimos de vergüenza
No fuera ser verdad
la vida sin problemas
No fuera ser verdad
familias de casta
No fuera ser verdad
trabajos sin sudor
No fuera ser verdad
el odio de unos pocos
No fuera ser verdad
amores de primeras miradas

No fuera ser verdad
religiones sin rezar
No fuera ser verdad
Mesías con ladrones
No fuera ser verdad
las dulces condenas
No fuera ser verdad
Cristos sin redenciones
No fuera ser verdad
la eterna simpatía
No fuera ser verdad
las propias decepciones
No fuera ser verdad
egos sin batallas
No fuera ser verdad
Cobardes sin pantalones
Políticos con vocaciones
No fueran ser verdad
tremendas RAZONES
NO FUERA SER VERDAD...

SIMPLE...

Tenía un sueño
de noche dormía
Desmontaba ilusiones
enfrascado en sus decisiones
Tenía pesadillas
que de día vivía
entre flojas pretensiones
Soltaba la verdad
abrazando cualquier mentira
en aquel octubre de semillas
Aquel de pretensión ínfima
y entonces?
Pasó lo inevitable, un COMIENZO...

CHICLE

Llegaste a mí
una noche sin fin
Prometiste distancia
sobraban palabras
No quise perderte tan pronto
Nada que hacer
murmurando reproches
Malditos prejuicios
los chicles de fresa
pegados en mesas
Fuiste sabor de principio
transformado en movimiento continuo
No tiene gracia, tener que tragarla
la saliva sin gusto
llegaste a mí
aquella noche sin fin
entonces no tenía sentido
lo fuiste todo con un simple soplido
burbuja, fragilidad y a la papelera sin más...

MALTIEMPO

Se sienta en su dulce silencio
el viento, la calma
en cada decepción un recuerdo
Aquí la llaman galerna
voz de un solo día
Noticias que sirven desayunos
enredadas las redes, traíñas
En firmes golpes de chumbadas
¿Qué cuentan los años?
Cercos de lejanas memorias
Lodo que brilla en el fondo
resaca de arena blanca
Aquí descansa la vieja esperanza
Pleamar de cristalina esperanza...

VÁTER

Tiempo aquí
en el Váter sentado
Tiempo empujado
disperso olvidado
Tiempo dolorido
fuerte y fornido
Tiempo complejo
gastado, disperso
Tiempo perdido
me limpio, presto
Tiempo primero
en cada momento
Tiempo presente
disyuntiva, nobleza
Tiempo libre
!Es hora! Me levanto y listo...

DESDICHA-DOS

¿Quieres que cuente lágrimas?
Perdona, no tengo ganas
Se fueron los porqués
sombríos sentimientos.
¡Quizás!, porque ya no quiero sinsabores
de tus promesas vanas
El Diablo baila sobre la luna
con el mismo fin de sentir deseo
sonríe, habla y engaña
Amores que lágrimas derraman
Olvidó pedir el perdón
no siente giro en su conciencia
¿Por eso sí?
Silbando, ganando corazones
muescas, cabeceros en llamas
¿Quieres que te cuente la verdad?
Admiro a ese canalla
que no tiene problemas en pasar página...

HOLA, HOLA

Dio sus primeros pasos
con dulzura y sin mal caminar
Elegante en su estar
Dónde está su gracioso HOLA
aquel que me hace sonreír
Sentir un nuevo origen
despertar de prudencia ternura
¡Qué egoísta es la vida!
Que comienza con sensaciones
y sobrevive en ilusiones
Deseos, frutos de primeras confianzas
TA, TA, TA
Aquí tienes los deseos
de lo nuevo, lo desconocido
Sonrisas entre tiernas palmadas
Todo tiene un propósito
El fin de un corto recuerdo
un beso que vuela al viento
y tú, sientes el nuevo comienzo

LO PRIMERO QUE PERDIÓ FUE LA INOCENCIA
DESCUBRIÓ EN AQUEL INSTANTE
CON LÁGRIMAS DULCES DE NOSTALGIA
LA SENSACIÓN DE NO QUERER SER MAYOR...
Y SOLO FUE UN SEGUNDO
EN EL QUE TE CONOCÍ
EN AQUEL MOMENTO
PERDÍ LA ILUSIÓN
DESEO, QUE TE OLVIDES DE MÍ...

PESADEZ

Olvidando aquello
Recordando lo otro
y mientras tanto
Asintiendo lo menos
Tristeza de muchos versos
las caras de las gentes
Sosteniendo el sentido
Complejos de dictatoriales gestos
más cuentan los sinceros
entre sus dedos la agudeza
Recorriendo por delante
las flacas y viejas bellezas
de finales lamentables progresos
¡Aquí estoy!, pesadez.

Te quiero-recordar

Solo quiero, hacerte recordar
ser sincero, más que los demás
Un momento, sin respirar
dónde está? la puta realidad
(Principio, final, comienzo RESTAR,
me tienes harto de vocalizar)
Fue un instante lo que perdí
aquella dulce inocencia en el Vodevil
Fueron risas, fueron nervios
compartimos entre sucias desdichas
(-)
Partieron los sueños
instantes de lujuria y oscuridad
propusieron lugares, fraternidad
Nunca te olvides de mi corazón
está en tu balcón, cuenta conmigo para saltar
(-)

Días grises, noches largas
sobre nuestras cabezas
las distancias fueron lamentos
intensos, dolores de muchos cuentos
en el fin de semana no recuerdo
las copas de Jägermeister
me perdieron sin saberlo
(-)
Me pasé de listo
ni siquiera tenía aquello previsto
Fue un flechazo entre copas
O quizás el humo de los cigarrillos
se me olvidó mi propia sombra
¿Dónde estoy? ¿Qué persona?
Te quiero, lo sabes, mi ladrona...

LÍRICA

Fueron ilustres locuras
Un ridículo recuerdo
Verborrea sin sentimientos
¿Qué dice? ¿Qué cuenta?
La princesa del rencor
lamenta en las noches
en su propio reflejo
Mantilla, velo, que lejos te veo
Con la canción de un Juglar
sin sonido, ni siquiera compás
Bonita de rostro humano
Nunca le falta su maldad
Muere en camas ajenas
como aquella que decía
¡Yo!, en la vida...

PRETENSIÓN

Tienes, tengo
sensaciones de pensamiento
Fue sencillo
morir en el olvido
Sopla, expira
Aquello que castiga
Luz, vida
¡Qué lejos queda la sombra!
Momento, respira
en un profundo día...

TURBIO- GLOBO

¡Qué paciencia, dicen infinita!
La luz de su presencia
Tintinea desde un segundo diferente.
Nuestra señora del presente
Oscuridad que marca la balanza
un día de luz y otro sombrío
Cambia el sentido de su sonido
el dulce color sin prejuicios
Fueron los filamentos
con consumida esencia
los confirman temores
nada alumbra para siempre
en un incandescente mundo azaroso...

SENTENCIA

La felicidad vive en el miedo
Aquello que olvida el principio
se transforma en temor, horror, fobia, espanto
¿Qué quiere él? Una vida longeva
De larga tristeza
Con la mueca de la propia risa
un segundo largo de felicidad intensa
Muere en ese caso, donde el miedo contempla
La felicidad vive en el miedo
Tener la certeza de llegar
es únicamente el principio
Volver a contemplar como en el otro extremo
está el destino perdido...

UN DÍA CON FACUNDO

Qué tiene el tiempo
que a todos vence
¿Qué tiene el mundo?
Que a todos prende.
Que tenga la edad
que a todos engaña
Tiene la muerte.
Que a todos amilana.
Tiene la belleza
que a todos encandila.
Tiene la soledad
que a todos engancha.
Qué tiene la fortuna
que a todos les gusta.
Que tiene la breva.
Que nunca cae...

SOMNIORUM

Recordatus est
Aliud oblitus
Útil eodem
Somniare calígine
Nisi moriatur
Silentio sube unt
Nigrior, quam
Quae ad intellectum non legistis
Iterum in tristitia
Frigus horas...
Él recordó
olvidando algo más
Para usar lo mismo
Soñar en la oscuridad
A menos que muera
Se somete el silencio
Más negro que lo que leíste para entender
Otra vez en tristeza...

CONTRAVIENTO

¡En fin!
Observó con clara actitud
Cosas que tiene su ser
Confusa osadía
Despertó las ganas de empatizar
y yo, como siempre
libre de derechos reservados
¡En fin!
Vivo feliz de contracturas
sentado, eso sí!
Entre noticias escuchadas
con otra tinta de carbón
Otro día complicado
Sin noticias de Madagascar.
Tenemos diferentes formas de pensar...

LA FUNCIÓN

Simplemente sueñas y recuerdas
Olvidas esa gota de tristeza
La función terminó en aplauso
Aquel que propone el triste payaso
Ojos rojos y nariz de gomaespuma
¡Mi querida falsedad!
Tengo solo malas noticias
se terminan las risas, carcajadas
el final del espectáculo
la realidad en muecas
Comienza el telón su opaca diversión
¿Y dónde?, dónde está la gracia?
De terminar siempre la misma función
Sueños que fueron
Son dulces como los caramelos
Dientes fuertes de dentelladas
deslizando la lengua salivada
Traga, con fuerza las ganas
Olvida las decepciones
escucha, piensa en las siguientes funciones
El telón no se baja de un solo tirón
Final de una simple representación
¡Aquel sumiso de palabra!
Clave en gestos falsos
No me pidas nada, simple magia
Nuevamente la cara engañosa
El telón nunca puede bajarse de un tirón...

SUAVE DESCONTENTO

Fue aquella despedida
la primera y última conquista
Fue su mirada
la ventana de mi desdicha
Fue un simple arraigo
la esencia de mi pensamiento
Fue su descontento
la tristeza, mi momento
Fue casual el encuentro
la suavidad de su cuerpo
Fue sus ojos negros
la fe que encuentran los demás
Fue entonces solo un instante
el final de un desplante...

DESPUÉS DE...

Fueron seguros los recuerdos
los propios y ajenos
Aquellos que de lejos se ven
Los mismos de mucha gente
Desdichas entre dientes
¡Escucha!, piensa diferente
Claudicar quieren los fieles y creyentes
sus manos calientes
Sogas que marcan pieles
Sensibles, fuertes de mentes
Florida, sentimiento de revoluciones crueles
Cilicio marcado de sangre decente...

INMORTAL

Pequeños ciclos
Olvidó un cambio de fusión
no merece nada que recuerde
Perder la esencia del ser
Latidos de sangre fría
Fragilidad de un segundo
la muerte marca el comienzo
ni una sola gota se desliza
¿Fragilidad que me quieres contar?
Insisto en pensar, en dar vueltas
Esta es mi pequeña esencia...

LOVE BACK

If i had your wishes
it would be wise to wake up
Between dark tears
Of nights tempted to forget
If i had my wishes
Only one answer
to die would be a start
To go back start again...

APÓCRIFOS

El dolor no tiene compañía
tiene empatía olvidada
Flores encajadas en floreros
tristeza de oscuridad palpable
bienestar de golpes secos
Ahogados en virtudes falsas
Enfermedades creadas
con las uñas pintadas
María, Raquel y Amalia.
Sentimientos de pequeñas miradas
Mori velle sine...
El tiempo es la hoguera en la que ardemos
Tenemos un desgarrador arraigo
en aquellas cosas con final seguro
Mirar atrás no soluciona nada
Nos perjudica la necesidad
descubrir que todo es transitorio
que la vida desgasta la inmortalidad
confundiendo un solo segundo
la tristeza de la respiración...

ROSALIA

Eu quixera
faer un poema
coma Rosalia sentia
sen pausa,sen sorrir
Escrito dun xeito
Sinxelo,grasioso
¿que din?
Os mesmos que calan
Berran os loucos
nas bágoas da ialama
Teño recordo
gun cantaré Galego
has de cantar
mociña gaiteira
cunha simple e sinxela pena...
(O meu corasón che mando
cunha chave para o abrir,
nin eu teño máis que darche,
nin ti máis que me pedir).

MOLT ADDITIU

Muy dadivoso
pronto colofón
comienzo
vida corta
muerte
desafecto
Molt additiu
Aviat colofó
començament
vida curta
mort
Desafecte...

JAQUE REINA

Mi mundo
Saborear, mi desorden
Cada día me consume
Enroque de vejez
cometer errores
rectificar deseos
Regalar un movimiento
Gambito, propio destino
Mirar algo finito
Diagonal camino, distante
Tiempo pasado de Dama
Rey seguro de cualquier vocablo
Querida, querida DES-GANA...

Después de un tiempo de reflexión y un descanso para declinar las palabras de Francis me sentí más desahogado, no quiero decir que no tenga una pizca de razón, pero nunca las palabras por decirlas son verdad o mentira, cada cual creé en sus principios, en sus impulsos, y claro que fallamos, nos equivocamos, eso al fin es vivir, aprender de los errores, seguro te hará una persona diferente en pensamiento.
Me dispuse entonces a buscar un nuevo objetivo, dejé de escuchar a FRANCIS DE AQUÍ...